BEI GRIN MACHT SICH IHR WISSEN BEZAHLT

- Wir veröffentlichen Ihre Hausarbeit, Bachelor- und Masterarbeit

- Ihr eigenes eBook und Buch - weltweit in allen wichtigen Shops

- Verdienen Sie an jedem Verkauf

Jetzt bei www.GRIN.com hochladen und kostenlos publizieren

Bibliografische Information der Deutschen Nationalbibliothek:

Die Deutsche Bibliothek verzeichnet diese Publikation in der Deutschen Nationalbibliografie; detaillierte bibliografische Daten sind im Internet über http://dnb.d-nb.de/ abrufbar.

Dieses Werk sowie alle darin enthaltenen einzelnen Beiträge und Abbildungen sind urheberrechtlich geschützt. Jede Verwertung, die nicht ausdrücklich vom Urheberrechtsschutz zugelassen ist, bedarf der vorherigen Zustimmung des Verlages. Das gilt insbesondere für Vervielfältigungen, Bearbeitungen, Übersetzungen, Mikroverfilmungen, Auswertungen durch Datenbanken und für die Einspeicherung und Verarbeitung in elektronische Systeme. Alle Rechte, auch die des auszugsweisen Nachdrucks, der fotomechanischen Wiedergabe (einschließlich Mikrokopie) sowie der Auswertung durch Datenbanken oder ähnliche Einrichtungen, vorbehalten.

Impressum:

Copyright © 2015 GRIN Verlag, Open Publishing GmbH
Druck und Bindung: Books on Demand GmbH, Norderstedt Germany
ISBN: 978-3-668-06231-3

Dieses Buch bei GRIN:

http://www.grin.com/de/e-book/308118/geschichtliche-und-rechtliche-hintergruende-zum-hitler-ludendorff-putsch

Darius Dimitropoulos

Geschichtliche und rechtliche Hintergründe zum Hitler-Ludendorff Putsch und dem folgenden Prozess 1924

GRIN Verlag

GRIN - Your knowledge has value

Der GRIN Verlag publiziert seit 1998 wissenschaftliche Arbeiten von Studenten, Hochschullehrern und anderen Akademikern als eBook und gedrucktes Buch. Die Verlagswebsite www.grin.com ist die ideale Plattform zur Veröffentlichung von Hausarbeiten, Abschlussarbeiten, wissenschaftlichen Aufsätzen, Dissertationen und Fachbüchern.

Besuchen Sie uns im Internet:

http://www.grin.com/

http://www.facebook.com/grincom

http://www.twitter.com/grin_com

Inhaltsverzeichnis

A. Einführung in den Sachverhalt 4
   I. Folgen des 1. Weltkriegs für das Deutsche Reich 4
      1. Novemberrevolution 4
      2. Münchner Räterepublik 5
      3. Friedensvertrag von Versailles und Folgen für das Ruhrgebiet 5
   II. Der Hitler-Ludendorff-Putsch 6
      1. Die Hintergründe 6
      2. Putschisten 6
         a) Kreis um Adolf Hitler 6
         b) Beteiligung der Regierung 6
      3. Der Ablauf 8
         a) Stürmung des Bürgerbräukellers 8.11.23 8
         b) Marsch zur Feldherrnhalle 9

B. Der Prozess 10
   I. Das Gericht 11
      1. Bayerische Volksgerichtshof 11
      2. Der Spruchkörper Georg Neithardt 11
   II. Sachverhalt der Anklageschrift vom 26.2.1924 12
      1. Inhalt der Anklageschrift 12
      2. Unvollständigkeit der Anklage 14
   III. Verhältnis des Vorsitzenden zu dem Angeklagten Hitler und dem Rechtsextremismus im Allgemeinen 15
   IV. Der Prozessverlauf 16
   V. Das Urteil 18
      1. Inhalt des Urteils 18
      2. Rechtsbeugungen und -"fehler" 20
         a) Verhandlung durch das Volksgericht 20
         b) Rechtswidrige Mindeststrafe 21
            aa) Tod und Schaden an Polizisten und Unbeteiligten 22
            bb) Unerwähnte Tatbestände/Unterlassen der Zurechnung 22
            cc) Bewährungsbrüchigkeit 22
         c) Inaussichtstellung einer Bewährungsfrist und Festhalten an dieser 23
         d) Keine Ausweisung Hitlers 24
   V. Ergebnis des Prozesses 26

C. Folgen und Fazit 26

Literaturverzeichnis

Bernstein, Eduard; Die deutsche Revolution von 1918/19: Geschichte der Entstehung und ersten Arbeitsperiode der deutschen Republik; Verlag für Gesellschaft und Erziehung, Berlin-Fichtenau 1921

Dähnhardt, Dirk; Revolution in Kiel. Der Übergang vom Kaiserreich zur Weimarer Republik 1918/19; Wachholtz, Neumünster 1978

Deuerlein, Ernst; Der Aufstieg der NSDAP in Augenzeugenberichten, Deutscher Taschenbuch Verlag, 1980

Dornberg, John; „Der Hitlerputsch" München, 8. und 9. November 1923, Frankfurt/Main, Berlin, 1989

Gilbhard, Hermann, Die Thule-Gesellschaft – Vom okkulten Mummenschanz zum Hakenkreuz, München 1994

Gorden Junior, Harold; Hitlerputsch 1923. Machtkampf in Bayern 1923–1924, Frankfurt am Main 1971

Gritschneder, Otto; Der Eisnermörder Anton Graf Arco-Valley und die bayerische Justiz; 1986;
--, Bewährungsfrist für den Terroristen Adolf H.; C.H. Beck Verlag; 1990
--, Der Hitler-Prozeß und sein Richter, C.H. Beck Verlag; 2001

Kolb, Eberhard: Die Weimarer Republik. 7. durchges. und erw. Aufl., Oldenbourg, München 2009

Maser, Werner; Der Sturm auf die Republik. Frühgeschichte der NSDAP. DVA, Stuttgart 1973

Müller, Richard ; Vom Kaiserreich zur Republik. Die Novemberrevolution; Berlin 1925

Schilling, Alexander, Der Untersuchungsausschuß des Bayerischen Landtags zum Hitler-Ludendorff Putsch 1924-1928, M.A. (Univ. Mannheim) 1999

Schwabe, Klaus: Quellen zum Friedensschluß von Versailles. Wissenschaftliche Buchgesellschaft, Darmstadt 1997

Winkler, Heinrich August; Weimar 1918–1933. Die Geschichte der ersten deutschen Demokratie. Durchgesehene Auflage, C.H. Beck, München 1998

zur Nieden, Susanna; Der homosexuelle Staatsfeind – zur Geschichte einer Idee. Oldenbourg, München 2006

A. Einführung in den Sachverhalt

Am 08.11.23 startete der Nationalsozialist, künftiger Führer des 3. Reiches und Schwerverbrecher Adolf Hitler in Zusammenarbeit mit General Ludendorff seinen berüchtigten Putschversuch und den dazugehörigen, am nächsten Tag folgenden Marsch auf die Feldherrnhalle, in der Absicht die bestehende Reichsordnung zu beseitigen. Sein Plan war es die Regierung zu stürzen und ein neues, seiner nationalsozialistischen Ideologie entsprechendes System aufzubauen. Nach Scheitern seiner Unternehmung wurde er festgenommen und ihm wurde der Prozess gemacht. Jedoch war die von Befangenheit und Schwachsinn gezeichnete Prozessführung verantwortlich für die Machtübernahme 1933. Jener Richter, welcher Hitlers Bestrebungen hätte Einhalt gebieten sollen, ermöglichte es ihm erst Europa den Schaden zuzufügen, den es von 1933-45 erlitten hatte. Die folgende Arbeit setzt sich mit den Vorgängen und Hintergründen des Putsches, der Richterschaft, der Prozessführung und dem rechtswidrigen Urteil auseinander. Um die Sachzusammenhänge und Bezugnahmen der folgenden Abhandlung über den Hitler-Prozess besser nachvollziehen zu können, wird eine kurze geschichtliche Einführung gegeben.

I. Folgen des 1. Weltkriegs für das Deutsche Reich

1. Novemberrevolution

Der 1. Weltkrieg näherte sich seinem Ende und Deutschland war durch den vier Jahre dauernden Konflikt sowohl wirtschaftlich als auch politisch stark gezeichnet. Seinen Anfang fand die Novemberrevolution in einem Aufstand Kieler Matrosen am 04.11.1918, welcher sich auf das ganze Reich ausbreitete. Grund dafür war der Flottenbefehl vom 24.10.18, bei dem die Kieler Flotte zu einer letzten Schlacht gegen die Royal Navy in den Ärmelkanal hätte entsandt werden sollen.[1] Jene Matrosen waren jedoch nicht gewillt ihr Leben in einem bereits gescheiterten Krieg zu lassen und so begann eine Meuterei jener Matrosen, welche sich im Interesse der neuen Regierung handeln sah. Innerhalb von wenigen Wochen war die Monarchie im Land beseitigt. Eisner, erster Ministerpräsident Bayerns, rief vom 07.11. auf den 08.11. den Freistaat Bayern aus und am folgenden Tag dankte der Kaiser endgültig ab.[2]

---

[1] Dirk Dähnhardt; Revolution in Kiel. Der Übergang vom Kaiserreich zur Weimarer Republik 1918/19; S. 66; Wachholtz, Neumünster 1978.
[2] Eduard Bernstein; Die deutsche Revolution von 1918/19. Geschichte der Entstehung und ersten Arbeitsperiode der deutschen Republik; S. 140 ff; Verlag für Gesellschaft und Erziehung, Berlin-Fichtenau 1921; - Richard Müller; Vom Kaiserreich zur Republik. Die Novemberrevolution; S. 60 ff.; Malik, Berlin 1925.

2. Münchner Räterepublik

Eisner begann eine sozialistische Republik zu erschaffen und innerhalb des Landes wurden die Unruhen von und zwischen Links und Rechts aufgrund vernichtender Missstände immer heftiger. Der Versuch den Sozialismus im Land durchzusetzen machte Eisner zur Zielscheibe und die Gesamtsituation eskalierte als Rechtsextremist und Halbjude Anton Graf von Arco zu Valley Eisner am 21.02.1919 erschoss.[3] Jene Krise führte zu Diskussionen oppositioneller Interessengruppen, woraufhin jedoch der Landtag eine SPD geführte Minderheitregierung ernannte. Demgegenüber rief der Revolutionäre Arbeiterrat am 07.04. die Räterepublik aus. Jene Räterepublik war der Versuch das sozialistische Rätesystem innerhalb Bayerns durchzusetzen. Dies führte zu blutigen Auseinandersetzungen zwischen Parlamentaristen und Befürwortern einer Rätedemokratie, die ihr Ende in einer gewaltsamen Niederschlagung am 02.05. fand.[4]

3. Friedensvertrag von Versailles und Folgen für das Ruhrgebiet

Das Deutsche Reich war am Ende und so begannen die Friedensverhandlungen zwischen ihm und der Triple Entente, welche die Konditionen für das formale Ende des 1. Weltkrieges konstituierte. Ihr Inhalt war die Konstatierung der alleinigen Verantwortung des Deutschen Reiches für den 1. Weltkrieg, was in immensen Reparationszahlungen und Gebietsabtritt resultierte. Jener Vertrag, welchen das Deutsche Volk als Demütigung empfand, führte zu noch größeren wirtschaftlichen Komplikationen und politischen Spannungen, die ihren Höhepunkt in der Ruhrbesetzung durch die Franzosen fand. Frankreich bestand trotz der offensichtlich immer schlimmer werdenden Allgemeinsituation auf vollständige Reparationszahlungen und entsandte daraufhin 60000 Mann in das Ruhrgebiet. Das führte zu Widerstand der Bevölkerung, woraufhin Stresemann zur Aufgabe dessen aufrief und versuchte mit Frankreich eine Einigung zu treffen.[5]

---

[3] DGB-Geschichtswerkstatt Fürth; Die Revolution 1918/1919 in Fürth. Erster Weltkrieg-Revolution-Räterepublik; S. 38 ff.
[4] Gilbhard, Hermann, Die Thule-Gesellschaft – Vom okkulten Mummenschanz zum Hakenkreuz, München 1994, S. 125.
[5] Klaus Schwabe: Quellen zum Friedensschluß von Versailles. Wissenschaftliche Buchgesellschaft, Darmstadt 1997, S. 156f.

II. Der Hitler-Ludendorff-Putsch

1. Die Hintergründe

Die junge Weimarer Republik konstituierte für Deutschland erstmals eine parlamentarische Demokratie und jene politische Premiere schien ein absoluter Fehlschlag zu sein. Unter den, durch die fälligen Reparationszahlungen entstandenen, finanziellen Missständen und der folgenden Pfändung des Ruhrgebiets durch die Franzosen, schoss die Inflation ins Unermessliche. Armut und Wut machte sich innerhalb der Bevölkerung, der Wunsch nach einem politischen Umschwung wurde immer größer.[6] Die Gesamtsituation schien instabil, jederzeit waren Unruhen Linker und Rechter zu befürchten. Insbesondere in Bayern, welches bereits seit der Münchner Räterepublik stetig nach rechts rückte, wurde der Schrei nach einem Akt der Revolution zugunsten des Volkes immer und immer lauter: Bayern schien das ideale Sprungbrett für eine Übernahme des gesamten Reiches zu sein. Die labile Situation innerhalb der bayerischen Regierung und die Unzufriedenheit des Volkes sah Hitler als Gelegenheit seine eigenen politischen Ziele zu verfolgen.[7]

2. Putschisten

a) Kreis um Adolf Hitler

In jener Zeit begann Hitler seinen eigenen Kreis von Nationalisten um sich zu scheren, welche sein antisemitisches, antimarxistisches und chauvinistisches Weltbild teilten. Im Kern bestand jener Kreis aus Ludendorff (einem General und Politiker), Hermann Göring (ab 1935 Oberbefehlshaber der Deutschen Luftwaffe), Hermann Esser (Verfasser der Proklamation an das Deutsche Volk), Ernst Pöhner (Polizeipräsident), Hermann Kriebel (späterer SA-Obergruppenführer) und Friedrich Weber (Veterinärmediziner und späterer SS-Führer).[8]

b) Beteiligung der Regierung

Gustav Ritter von Kahr wurde im Zuge der Einstellung des Ruhrkampfes zum Generalstaatskommissar ernannt. Der Grund war, dass die bayerische Regierung in Berlin befürchtete, dass die nationalistischen Tendenzen in Bayern, als Hochburg rechtsradikaler

---

[6] Eberhard Kolb: *Die Weimarer Republik*. 7. durchges. und erw. Aufl., Oldenbourg, München 2009, S. 60 ff.;
Heinrich August Winkler: *Weimar 1918–1933. Die Geschichte der ersten deutschen Demokratie*.
Durchgesehene Auflage, C.H. Beck, München 1998
[7] Ernst Deuerlein: Der Aufstieg der NSDAP in Augenzeugenberichten, Deutscher Taschenbuch Verlag, 1980, S.185.
[8] Gritschneder; Hitlerprozess, 10 ff.
Werner Maser: Der Sturm auf die Republik. Frühgeschichte der NSDAP. DVA, Stuttgart 1973, S. 422 ff..

Kräfte, die organisatorischen Kompetenzen des bayerischen Regierungschefs Knilling überfordern könnten. [9] Durch den ausgerufenen Ausnahmezustand traten von Kahrs diktatorische Vollmachten in Kraft, welche ihn dazu befähigten „sämtliche Behörden des Reiches, des Landes und der Gemeinden – mit Ausnahme der Gerichte und der Militärbehörden – (seiner) Anordnungs- und Verfügungsgewalt (zu unterstellen und) (...) jederzeit (...) vornehmen"[10] zu können.

V. Kahr jedoch, unzufrieden mit der sozialistischen Regierung und selbst rechtskonservativ eingestellt, hatte eigene Pläne und positionierte an der nördlichen Grenze Bayerns Kampfverbände unter dem Vorwand sich gegen sozialistische Kräfte des Reiches wehren zu wollen. Tatsächlich war ein, notfalls mit militärischer Gewalt unterstützter Marsch nach italienischem Vorbild (Marsch auf Rom) geplant, welcher Berlin und somit die Reichsregierung als Ziel hatte. Damit kam es zu einem offenen Bruch mit dieser.[11]

Um sich den politischen Rücken zu stärken, rief er das „bayerische Triumvirat" aus, welches aus ihm selbst, Lossow und Seißer bestand. Beide bewiesen bereits im Vorfeld ihre Loyalität gegenüber v. Kahr durch Befehlsverweigerungen gegenüber der Reichsregierung. Sie alle hatten ein gemeinsames Ziel, nämlich die Republik zu stürzen.[12] Parallel dazu bildete sich der Kampfbund, eine nationale völkische Gruppierung, die aus Antisemiten, Antimarxisten und Chauvinisten bestand.[13] Jener Kampfbund sah in der Bildung des bayerischen Triumvirats die Gelegenheit die bayerische Diktatur auf das gesamte Reich auszuweiten. Zwar gab es Reibungspunkte in den jeweiligen Vorstellungen [Des Triumvirats und des Kampfbundes], allerdings war man für eine Zusammenarbeit offen, da man ein gemeinsames Ziel verfolgte, nämlich die nationale Revolution.[14]

Jene Zusammenarbeit basierte jedoch hauptsächlich auf gegenseitigem Misstrauen und Kontrollsucht. So befürchtete Hitler, dass das Triumvirat in seiner Gesinnung unbeständig werden könnte, oder einen Putschversuch ohne eine Einbeziehung seiner selbst starten würde;

---

[9] John Dornberg „Der Hitlerputsch" München, 8. und 9. November 1923, Frankfurt/Main, Berlin, 1989.
[10] Zorn, Wolfgang, Bayerns Geschichte im 20. Jahrhundert, C.H.Beck, München, S. 270.
[11] Informationen zur politischen Bildung Nr. 109/110 „Die Weimarer Republik", Bundeszentrale für politische Bildung, Bonn.
[12] Esterl, Martin, Der Hitlerputsch 1923, Eichstätt, 1972, S. 10 ff.
[13] Ernst Deuerlein, Der Aufstieg der NSDAP in Augenzeugenberichten, München 5. Auflage 1982. S. 190.
[14] Harold J. Gordon Jr., Hitlerputsch 1923. Machtkampf in Bayern 1923–1924, Frankfurt am Main 1971. S. 92; Werner Maser, Der Sturm auf die Republik. Frühgeschichte der NSDAP, Stuttgart 1973. S. 426.

seine größte Furcht.[15] Umgekehrte wusste das Triumvirat über den Druck unter dem Hitler seitens seiner Gefolgschaft stand Bescheid und sah die Gefahr, dass Hitler ebenfalls über ein selbstständiges Handeln nachdenken könnte, was er in persönlichen Gesprächen aber immer heftig dementierte. Als er erkannte, dass das Triumvirat eben jene Wankelmütigkeit an den Tag legte, welche er gefürchtet hatte, sah er sich gezwungen zu handeln.[16]

3. Der Ablauf

a) Stürmung des Bürgerbräukellers 8.11.23

Hitler sah seine Pläne, durch die Undurchsichtigkeit und Unentschlossenheit v. Kahrs gefährdet, und entschloss sich den Bürgerbräukeller mit seiner Gefolgschaft zu stürmen um letzten Endes, entgegen seines Versprechens, nun doch einen eigenen Putschversuch zu starten. Ziel war es, den Bayern-Diktator, den Landeskommandanten von Lossow und Chef der bayerischen Landespolizei von Seißer notfalls mit Drohung und Gewalt dazu zu bewegen sich seiner Planung zu fügen. Nach langer Vorbereitung stürmte er an jenem Tag an dem von Kahr das weitere Vorgehen erläutern wollte (dem 8.11.23) mit 600 Mann den Bürgerbräukeller und erklärte, nachdem er sich mit einem Schuss in die Decke Gehör verschaffte, die nationale Revolution.[17] Er erklärte die bayerische und die Reichsregierung für abgesetzt und verkündete die Bildung einer provisorischen Reichsregierung, mit Pöhner als Ministerpräsident, v. Kahr als Landesverweser, Hitler als Kopf der Reichsregierung, Ludendorff als Führer der Nationalarmee und Seißer als Polizeiminister. Daraufhin bat er Lossow, Kahr und Seißer in einen Nebenraum und stellte ihnen seine Antwort auf die Deutsche Frage vor, namentlich die Beseitigung der Notstände innerhalb der Republik, und damit auch die Republik selbst.[18]

Anfangs noch entzürnt darüber, dass Hitler sein Wort gebrochen hatte und gedemütigt durch die Tatsache, dass er ihnen mit seinem Vorhaben zuvorgekommen ist, war das Triumvirat schnell eingeschüchtert, da Hitler keine Gelegenheit ausließ zu erwähnen, wie ernst es ihm mit seinem Putsch war und stellte dies offen fest mit den Worten: „*Der Morgen findet entweder in Deutschland eine deutsche nationale Regierung oder uns tot.*"[19]. Trotzdem blieb das Triumvirat in seiner Ablehnung standhaft. Erst das Auftreten Ludendorffs und dessen

---

[15] Kershaw, Ian; Hitler: A Biography. Seite 125–127; New York; 2008; W. W. Norton & Company.
[16] Kershaw; S. 129.
[17] Piers Brendon, The Dark Valley: A Panorama of the 1930s; Seite 36; 2002; Vintage Verlag.
[18] Akten des Reichsarchivs, Kabinett Stresemann, S. 1056; Kahr an Knilling, 12.12.1923, in: Ernst Deuerlein, Der Hitler-Putsch. Bayerische Dokumente zum 8./9. November 1923, Stuttgart 1962, S. 498.
[19] Gritschneder; der Hitler Prozeß und sein Richter; S. 21; München, 2001; C.H. Beck Verlag.

vermeintlich überzeugende Ansprache an die Exzellenzen führte dazu, dass sich diese scheinbar seinem Willen beugten und eine konspirative Haltung einnahmen.[20]

Daraufhin machte sich Hitler daran den weiteren Verlauf des Putsches zu planen. Er gab bspw. Hermann Esser die Aufgabe, die Proklamation an das Deutsche Volk zu verfassen, welche im Eildruck gefertigt wurde und in Form von Flugblättern und Plakaten dem Volk zugänglich gemacht werden sollte und sorgte durch einige Mitglieder den NSDAP in hohen Positionen (Polizei, etc.) dafür, dass seine Truppen mit scharfen Waffen versorgt wurden. Auch erteilte er die Befehle Straßen abzusperren und die Organisation der Polizei bei Planung staatlichen Widerstandes zu behindern. Währenddessen blieb Ludendorff mit dem Triumvirat zurück und erlaubte ihnen, nach einiger Diskussion und dem Abringen des Versprechens sich nicht gegen den Putsch zu verschwören zu gehen, obwohl Scheubner-Richter und Weber ihm dringend davon abrieten. So kam es, dass sich das Triumvirat bei der Stadtkommandantur traf, den Generälen der Polizei und Reichswehr gegenüber die Erklärung sich Hitlers Vorhaben zu beugen widerrief, und die Reichsregierung kurz vor Mitternacht über den geplanten Putsch informierte.

b) Marsch zur Feldherrnhalle

Am nächsten Morgen fanden sich in der Innenstadt etliche Plakate der Proklamation. Jedoch war zu diesem Zeitpunkt - aufgrund des schnellen Handelns der Reichsregierung – bereits ein Großteil der Putschisten inhaftiert. So kam es, dass es Hitler und Ludendorff inmitten ihrer Situation bewusst wurde, dass das Scheitern ihres Vorhabens unmittelbar bevorstand, und so entschlossen sie sich dazu ihre Unternehmung in Gang zu setzen. Um ca. 11:00 Uhr vormittags des 9.11.1923 versammelten sich die Mitglieder des Kampfbundes am Bürgerbräukeller und so marschierten ungefähr 3000 Mann, angeführt von Hitler und Ludendorff, Richtung Innenstadt. An der Spitze wurden Hakenkreuzfahnen und „Bund Oberland"-Fahnen geschwenkt, während einige Reihen dahinter ein Lastwagen mit aufgepflanzten Seitengewehren hinterherfuhr. Es war auch ein Auto vorhanden, das als Sanitätswagen fungieren sollte. Die Männer selbst waren mit Gewehren, Maschinenpistolen, Maschinengewehren und Handgranaten bewaffnet, während Hitler mit einer Pistole umherfuchtelte.[21]

---

[20]Otto Gritschneder: *Der Führer hat Sie zum Tode verurteilt* ... München 1993; S. 110 ff.
[21]Gritschneder; Hitlerprozess; 26-28.

An der Ludwigsbrücke stießen die Putschisten auf den ersten Widerstand: Eine bewaffnete Einheit der Landespolizei versperrte den Weg und forderte die Marschkolonne dazu auf anzuhalten und kehrtzumachen. Göring jedoch, drohte der Polizei mit der Tötung gefangener Kabinettsmitglieder, also ließ die Einheit sie passieren, woraufhin sie von einigen Männern überwältigt, entwaffnet und gefangen genommen wurden.

An der Residenzstraße jedoch, in Nähe der Feldherrnhalle, stießen die Nationalsozialisten erneut auf Widerstand. Auch hier hatte sich eine Einheit der Landespolizei versammelt und blockierte den Weg, diesmal jedoch in wesentlich heftigerer Form. Die Aufforderung der Polizisten ignorierend, versuchte die Marschkolonne auch diesen Widerstand zu brechen. Der Polizeichef, unbeeindruckt ob des Namens "Ludendorff", ließ sich nicht auf Verhandlungen oder Drohungen ein und so kam es, dass die Situation eskalierte und zu einem Schusswechsel führte. Es ist umstritten wer den ersten Schuss abgegeben hat; Schuldzuweisungen erfolgten von der einen auf die andere Seite, wobei unter anderem von einem Augenzeugen berichtet wurde, dass es Hitler war, der den ersten Schuss abgab. Jedenfalls eskalierte die Situation derart, dass 16 Putschisten, 4 Polizisten und 1 Passant dabei ums Leben kamen.[22]

Das gesamte Geschehen dauerte nicht länger als eine Minute. Hitler und die meisten anderen Nationalsozialisten warfen sich zu Boden und flohen anschließend. Nur Ludendorff wurde an Ort und Stelle festgenommen. Göring floh ebenso wie Heß nach Österreich, während alle anderen Nationalsozialisten innerhalb von Tagen inhaftiert wurden. Damit schien das Vorhaben Hitlers, die verhasste Republik zu stürzen, gescheitert.[23]

B. Der Prozess

Gegen die Köpfe und Anhänger des Putsches wurden abhängig von der Art der Beteiligung vier verschiedene Gerichtsverfahren eingeleitet. Zum Einen gegen Hitler und andere führende Nationalsozialisten, welche sich nach Erachten der Staatsanwaltschaft eines Hochverrats schuldig gemacht hatten, zum Zweiten gegen den „Stoßtrupp Hitler", welcher den Bürgerbräukeller abriegelte, zum Dritten gegen Beggel und Knauth, wegen des Diebstahls von Geld aus verschiedenen Druckereien, und endlich gegen die Verantwortlichen des von Hitler in Auftrag gegebenen Überfalls auf das St. Anna-Kloster im Lehel.[24] Im hier relevanten Prozess gegen die Köpfe des Nationalsozialismus wurden Adolf Hitler, Erich Ludendorff,

---

[22] Gritschneder, Hitlerprozess, S. 20-30.
[23] „Aufstieg und Fall des Dritten Reiches" von William L. Shirer, S. 72 – 74.
[24] Casper, Gerhard; Zeisel, Hans ; Lay Judges in the German Criminal Courts". Journal of Legal Studies; S. 135; 1972.

Heinz Pernet, Friedrich Weber, Hermann Kriebel, Ernst Röhm, Ernst Pöhner, Wilhelm Frick, Wilhelm Brückner und Robert Wagner angeklagt.[25]

Erster Staatsanwalt war Ludwig Stenglein, dessen Hilfsstaatsanwalt Hans Ehard. Zweiter Staatsanwalt war Martin Dresse. Die Position des vorsitzenden Richters übernahm der rechtskonservative und mit der nationalistischen Szene sympathisierende Georg Neithardt, der vom Richter Leyendecker und den Laienrichtern Philipp Herrmann, Christian Zimmermann und Leonhard Beck prozessual begleitet wurde.

Der Prozess begann am 26. Februars 1924 im Hauptlesesaal der Zentralen Infanterieschule mit 368 Zeugenaussagen, welche 25 Tage in Anspruch nahmen.

I. Das Gericht

1. Bayerische Volksgerichtshof
Die gesamte Verhandlung fand vor dem Bayerischen Volksgerichtshof statt. Jener war ein Rest der Regierung Eisner, damals kurzzeitig ins Leben gerufen, um Straftaten die als Reaktion auf die Novemberrevolution folgten sofort und in aller Kürze zu ahnden und dessen Zuständigkeit im Nachhinein auf Hochverrat erweitert wurde, da dieser zu jenen Zeiten keine Ausnahme war. Jedoch wurde mit der Weimarer Verfassung 11.08.1919 die Strafrechtspflege Aufgabe des Reiches und nicht mehr der Länder, woraufhin in einer gesonderten Norm die Unstatthaftigkeit des Volksgerichtshofs festgestellt wurde. Die Feststellung der Rechtswidrigkeit der Verhandlung vor dem Volksgericht wird weiter unten behandelt.

2. Der Spruchkörper Georg Neithardt
Georg Neithardt, der Spruchkörper des Gerichts, wurde 1871 in Nürnberg geboren und studierte nach seinem Abitur Jura in Nürnberg und München. Er galt nur durchschnittlich begabt und überheblich, was ein Resultat seiner Unsicherheit war. Besonders politisch schien er unsicher zu sein, was in einer dafür typischen Reaktion resultierte: Der Mitläuferschaft. Neithardt war nicht in der Lage sich ein eigenes Bild von der Welt und der Politik zu machen, da ihm entsprechender Geschichtsunterricht in der Schule fehlte. So kam es, dass sich Neithardt an herrschenden Stimmungen orientierte und so mit der rechten Szene sympathisierte, um überhaupt irgendwie Stellung beziehen zu können. Dies schien auch der Grund dafür zu sein, warum er die im Folgenden behandelten Rechtsbeugungen skrupellos

---
[25] Gritschneder; S. 28 – 31.

beging.

II. Sachverhalt der Anklageschrift vom 26.2.1924

1. Inhalt der Anklageschrift

Die Staatsanwaltschaft beschrieb in ihrer Anklageschrift der Gesamtdarstellung **_nur in Teilen folgend (!)_** die verschiedenen Beiträge, die die Angeklagten im Rahmen des Hochverratsverbrechens geleistet hatten. Hitler wurde als Hauptangeklagter betrachtet, gesehen als *„die Seele des ganzen Unternehmens"*[26], welche die oberste Leitung der Reichspolitik für sich in Anspruch nahm, und neu zu besetzende Ämter zuwies. Interessant ist jedoch, dass Hitler selbst während der gesamten Vorbereitung des Putsches und dessen letztendlichen Versuch Ludendorff als obersten Führer der gesamten Bewegung sah.[27] Auch war die Anklage selbst an „Ludendorf et alii." gerichtet. Allerdings sah ihn die Staatsanwaltschaft aufgrund seines Verhaltens, seines Engagements, seiner organisatorischen und oratorischen Tätigkeiten, sowie nicht zuletzt aufgrund seiner Auftretens im Rahmen des Putschversuchs selbst als Dreh- und Angelpunkt der nationalsozialistischen Bewegung. Ferner blieb Hitler im Prozess selbst konsequent, nahm er doch sämtliche Verantwortung auf sich. Dementsprechend nutzte Neithardt die Gelegenheit und tauschte das ursprüngliche Vernehmungsprotokoll Ludendorffs gegen eines, in dem geschrieben stand, dass Ludendorff im Vorfeld nichts von einem geplanten Putsch wusste.[28]

Darauf aufbauend wurde Ludendorff nur vorgeworfen, er hätte im Vorfeld durch sein Verhalten konkludent zu verstehen gegeben, dass er eine *„gewaltsame verfassungswidrige Bewegung, wenn sie nur auf völkischem Boden erfolge, durch seinen Namen und seine Person unterstützen und daß er sich sofort selbst zu Verfügung stellen werde, sobald eine solche Bewegung mit einiger Aussicht auf Erfolg in Fluß gekommen sei."*.[29] Darunter versteht sich, dass Ludendorff zwar nicht konkret vorgeworfen wurde er, hätte sich mit der Planung des Putsches intensiv auseinandergesetzt oder einen organisatorischen Beitrag geleistet, in welcher Art und Weise auch immer, sehr wohl jedoch die Tatsache, dass er durchaus dazu bereit war selbst konspirativ aktiv zu werden, sollte es Aussicht auf Erfolg geben, und dies auch nach Außen hin präsentierte. Diese befremdlich und dünn wirkende Anklage war die

---

[26] Gritschneder; S. 28.
[27] Peter D. Stachura: *The Political Strategy of the Nazi Party, 1919–1933*. In: *German Studies Review.* Band 3, Nr. 2, 1980, S. 261–288, besonders S. 267.
[28] Ian Kershaw: *Hitler 1889–1936*. 2. Auflage. Deutsche Verlags-Anstalt, Stuttgart 1998, S. 272.
[29] Zitate sind, wenn denn nicht anders angegeben, Otto Gritschneders Abhandlung über den Hitler-Prozess zu entnehmen.

Folge des modifizierten Vernehmungsprotokolls. Die Staatsanwaltschaft sah in Ludendorffs Stellung an der Spitze des Propagandamarsches den Versuch der gesamten Unternehmung „*durch das Gewicht seines Namens und seiner Persönlichkeit [dem Ganzen] einen besonderen Nachdruck zu geben*", also den Eindruck einer allgewaltigen, außerordentlichen und offiziellen Insurrektion zu erwecken, mit der Hoffnung „*Einfluss auf die Reichswehr und Landespolizei zugunsten des Unternehmens zu gewinnen*", also auch diese zu einem rechtspolitischen Seitensprung zu animieren.[30]

Pöhner, welcher seit 1920 in Kontakt mit Hitler stand, wurde am Morgen des 7.11.23, wie es sich aus der Anklageschrift vernehmen lässt, nach kurzer Aufklärung über das geplante Unternehmen gefragt, „*ob er dazu bereit sei, den Posten eines Ministerpräsidenten in der neuen bayerischen Regierung anzunehmen.*", woraufhin er dies sogleich bejahte und sich kurz darauf auch als solcher betätigte. Beispielsweise übertrug er Frick die Leitung des Polizeipräsidiums und besprach mit ihm und v. Kahr die Neubesetzung der Ministerien. Ferner versuchte er auch das Polizeigebäude durch Ausschaltung ordentlicher Polizeikräfte unter seine Kontrolle zu bringen.[31]

Dr. Wilhelm Frick, künftiger thüringer Staatsminister, welcher in enger freundschaftlicher Bindung zu Pöhner stand, jedoch auch mit Weber, Kriebel Röhm und Hitler intensiven Kontakt pflegte, war in die Planung der völkischen Erhebung involviert und wurde als neuer nationaler Polizeipräsident in Aussicht genommen, was mit seinem Wissen und Wollen geschah. Ihm wurde von der Staatsanwaltschaft vorgeworfen, er sei im Falle eines Putsches dazu bereit gewesen die Erhebung dadurch zu unterstützen, indem er jenes Amt wahrgenommen und im Interesse der Nationalsozialisten gehandelt hätte.[32]

Dr. Weber wurde vorgeworfen er wäre in die Planung und Unternehmung der Erhebung erheblich involviert gewesen und habe auch Entscheidungen getroffen. Ihm wurde vorgeworfen er habe als "Führer des Bundes Oberland", einer im Oktober 1921 gegründeten paramilitärischen Vereinigung, welche aus dem "Freikorps Oberland", ein Verband der schwarzen Reichswehr, hervorging, die Unternehmung durch dessen militärischen Umfang erst ermöglicht. Er plante in großem Umfang die Verfahrensweise mit gefangenen

---

[30] Gritschneder, Hitlerprozess, S. 29.
[31] Reinhard Weber; Ein tüchtiger Beamter von makelloser Vergangenheit: Das Disziplinarverfahren gegen den Hochverräter Wilhelm Frick 1924; Vierteljahrshefte für Zeitgeschichte 42 (1994), S. 148.
[32] Günter Neliba; Wilhelm Frick: Der Legalist des Unrechtsstaates; Schöningh, Paderborn 1992.

Kabinettsmitgliedern und Ministern, sowie das Vorgehen der systematischen Beseitigung staatlicher Gewalt und Organisation und setze diese seinen Möglichkeiten entsprechend durch.[33]

Die Staatsanwaltschaft warf Röhm (Offizier, Politiker und langjähriger SA-Führer) vor, dass dieser an der *„entscheidenden Beschlussfassung über das Unternehmen vom 8.11.[19]23 beteiligt"* war. Er sammelte im Rahmen des kameradschaftlichen Abends der Reichskriegsflagge, einer weiteren paramilitärischen Vereinigung, im Löwenbräukeller eine Anhängerschaft, um die Stürmung des Bürgerbräukellers am Abend zu unterstützen. In nationalsozialistischem Interesse besetze er mit seinem Verband das Wehrkreiskommando in der Ludwigstraße 14 und setzte den Angriffen der Reichswehr auch noch entgegen, als bereits klar war, dass Lossow und Kahr ihre Zusagen widerrufen hatten. Er kapitulierte erst, als er von der Eskalation an der Feldherrnhalle erfuhr.[34]

Brückner hatte, als Führer der großen nationalsozialistischen Truppe, zusammen mit den anderen nationalsozialistischen Köpfen den Marsch eingeleitet und unterstütze diesen durch seine eigene Teilnahme und der seiner Truppe am Zug durch die Innenstadt. Wagner veranlasste mit der Absicht das Umsturzunternehmen zu unterstützen, die Alarmierung der Infanterieschule, sodass diese auf die Seite des Kampfbundes trat. Pernet nahm Aufgaben als Übermittler von Nachrichten und Koordination der Versammlungsteilnehmer und die der Kampftruppen wahr in geringem Umfang wahr. So nahm er das „beschlagnahmte Geld" in Empfang, welches dazu dienen sollte die Mitglieder des Kampfbundes zu entlohnen. Auffällig ist, dass bereits hier der Raub der Banknoten zu einer „in Beschlagnahme" heruntergespielt wird.

2. Unvollständigkeit der Anklage

Es fällt bei näherer Betrachtung der Anklage auf, dass diese in ihrer Chronologie und Nennung der Konsequenzen in Abhängigkeit vom Gesamtgeschehen massive Lücken aufweist. So hätte als straferschwerender Grund der Tod der vier gefallenen Polizisten durchaus erwähnt werden müssen, war dies doch die Konsequenz nationalsozialistischen Handelns gegen die Reichsgewalt. Mit keinem einzigen Wort jedoch, fiel innerhalb der Anklageschrift der Tod der Polizisten, sowie auch der Tod des Passanten. Mit einem erheblichem Maße an Fantasie ließe sich dies in dem Ausdruck eines „unglücklichen Verlaufs" interpretieren:

---

[33] Siehe FBn. 30.
[34] Susanne zur Nieden, Der homosexuelle Staatsfeind – zur Geschichte einer Idee. In: Lutz Raphael und Heinz-Elmar Tenorth (Hrsg.): Ideen als gesellschaftliche Gestaltungskraft im Europa der Neuzeit. Beiträge für eine erneuerte Geistesgeschichte. Oldenbourg, München 2006, S.395–397.

„Ob auch die Veranstaltung des so unglücklich verlaufenen Propagandazuges in den Rahmen der zur Verwirklichung ihres Zieles gehörigen Unternehmungen fällt, mag an dieser Stelle dahingestellt bleiben." [35]

Unerwähnt blieb weiterhin, dass der ebenfalls gefallene Putschist Theodor von der Pfordten den ausformulierten Text einer neuen Verfassung in der Brieftasche hatte. Jener Entwurf enthielt die Aufhebung der Weimarer Verfassung, sowie die Abschaffung freigewählter Parlamente, Ausschalten der Pressefreiheit, Judenenteignung – all das was Hitler also nach der Machtergreifung in die Tat umsetzte. Daraus hätte das Gericht erkennen können, was die Putschisten alles beabsichtigten. Auch die Geiselnahme von Polizisten und Ministern wurde mit keinem Wort erwähnt. Es handelt sich also um einen jur. Fehler, der eigentlich nur mit einer absichtlichen Rechtsbeugung zu erklären ist; indes hatte Neithardt offenbar dafür gesorgt, dass jene schwerwiegenden Folgen nicht zum Thema gemacht wurden.

III. Verhältnis des Vorsitzenden zu dem Angeklagten Hitler und dem Rechtsextremismus im Allgemeinen

Hitler und Neithardt waren einander zur Zeit des Prozesses nicht unbekannt. Schon im Januar 1922 erließ er ihm zwei Monate einer Vorstrafe „auf Bewährung", bei der er sich eines Landfriedensbruch strafbar gemacht hat, namentlich der gewaltsamen Sprengung einer Versammlung des Bayernbundgründers Otto Ballerstedt. Er zeigte eine Menge Sympathie und Verständnis für Hitlers Tat. Daran lies sich bereits erkennen, dass der Rechtskonservative mit der extremistischen Szene stark sympathisierte; doch war dies nicht das erste Mal, dass er seine politische Gesinnung Einfluss auf sein Urteil nehmen lies.

Spätestens seit dem Prozess gegen den Mörder Kurt Eisners, Anton Graf von Arco auf Valley, schien klar, dass er aus seiner rechten Position keinen Hehl machte. Eisner erklärte Bayern in der Nacht zum 08.11.1918 Bayern zum Freistaat und wurde daraufhin das Ziel antisemitischer Angriffe. So schrieb auch auf Valley kurz vor seinem Attentat:

„Eisner ist Bolschewist, er ist Jude, er ist kein Deutscher, er fühlt nicht deutsch, untergräbt jedes vaterländische Denken und Fühlen, ist ein Landesverräter." [36]

Er erschoss Kurt Eisner, welcher sich auf dem Weg zum Landtag befand, und fand sich im Gericht vor Neithardt wieder. Dieser sah die ultrarechte Einstellung des jungen Mörders mit Wohlgefallen und betrachtete ihn vielmehr als *„politisch unmündigen jungen Mann"*, dessen Tat seiner Meinung nach durchaus *„nicht niederer Gesinnung, sondern glühender Liebe zum*

---

[35] Gritschneder, Bewährungsfrist für den Terroristen Adolf H., S. 80/81.
[36] Volker Ullrich: Mord in München. Im Februar 1919 starb der bayerische Ministerpräsident Kurt Eisner durch die Kugeln eines Attentäters. Die Folgen waren dramatisch. In: Die Zeit, Nr. 9 vom 19. Februar 2009, S. 92.

Vaterland" entsprungen sei, weswegen von einer *„Aberkennung der bürgerlichen Ehrenrechte"* natürlich *„keine Rede sein"* könne.[37] So kam es, dass er den jungen Mann zwar zum Tode verurteilte, dieses aber offensichtlich zwischen dem damaligen Justizminister, dem Staatsanwalt und seiner Wenigkeit abgesprochen und nicht ernstgemeint war. Schon kurz darauf wurde Arco-Valley zu ehrenhafter Festungshaft begnadigt, aus der er im Mai 1924 wieder entlassen wurde.[38]

Die groteske Laudatio an den Mörder, sowie das abgekartete Justizspiel, welches ein Zeugnis der Unfähigkeit und Befangenheit der damaligen bayerischen Justiz darstellt, ebnete den Weg für Nachahmungs- und Fortführungstäter. Neithardt erschien also als denkbar ungeeignetster Richter, der durch seine nur mäßige juristische Begabung, sein Unvermögen persönliche Ideologie und Rechtsprechung voneinander zu trennen und seinen Vorsatz in Bezug auf gnädige Urteile gegenüber Rechtsverbrechern, die Katastrophe, welche sich von 1933-45 erstreckte überhaupt ermöglichte. Vollumfänglich über Hitlers Gesinnung und Intention informiert, unterstütze Neithardt diesen schon im Vorfeld, indem er dessen Überstellung an den zuständigen „Staatsgerichtshof zum Schutz der Republik" verhinderte. Innerhalb des eigentlichen Prozesses ließ er Hitler größten Raum zur politischen Selbstdarstellung, lies ihn den Prozess, welcher ihn eigentlich zum Schweigen bringen sollte zu einer 25-tägigen Propagandarede entstellen.

IV. Der Prozessverlauf

Der Prozess begang am 26.02.24 und erstreckte sich bis zur Urteilsverkündung am 1.04.24. Der Grund für diese enorme Länge des Prozesses war die Tatsache, dass der Vorsitzende Neithardt den Angeklagten und ihren Rechtsbeiständen gestattete absurd viele Zeugen aufzurufen und zu vernehmen. Ursprünglich dachte Neithardt überhaupt nicht an Zeugen und erwartete Geständnisse der Angeklagten, schien jedoch bei der Planung des Prozesses nicht miteinkalkuliert zu haben, dass jener Prozess für Hitler, dem bewusst war was für ein unfähiger Richter vor ihm saß, die ultimative Propagandaplattform darstellt. Hitler wusste um die Sympathien Neithardts mit dem Nationalsozialismus und so begang er bereits am 1. Tag der Verhandlung seine 25 Tage lang dauernde Rede. Dreieinhalb Stunden lang erzählte er Lüge um Lüge, von angeblichen Verletzungen im 1. Weltkrieg (er behauptete er sei kurzzeitig erblindet) und stellte sich als selbstlosen Patrioten dar, dessen einziges Ziel die Rettung des

---

[37]Gritschneder; Hitler-Prozeß; S. 38.
[38]Gritschneder; Der Eisnermörder Anton Graf Arco-Valley und die bayerische Justiz; 1986; Seiten 236 – 251; Eigenverlag.

Deutschen Volkes vor den herrschenden Missständen war. Er legte seine antisemitische, chauvinistische Einstellung offen dar und diffamierte immer wieder auf's neue die marxistischen Novemberverbrecher von 1918. Das Gericht dachte nicht im Ansatz daran Hitler zurechtzuweisen oder im Umfang seiner ausschweifenden Reden auf irgendeine Art und Weise zu beschränken, sondern nahm quasi jeden von ihm gesagten ungebührlichen Satz mit erstaunlicher Passivität und Aufmerksamkeit an. Diese weltfremd und schwachsinnig wirkende Abwesenheit jeglicher Zurechtweisungen oder Maßnahmen waren jedoch schon zu Beginn des Prozesses hervorzusehen, hatte doch Neithardt die Angeklagten dazu aufgefordert ihre Intentionen und Rechtfertigungen in alles Ausführlichkeit zu äußern:

„Ich habe natürlich das Bestreben und erkenne an, daß es im Interesse der angeklagten liegt, möglichst vor breiter Öffentlichkeit zu verhandeln. Das Gericht wird dem selbstverständlich, soweit es möglich ist, Rechnung tragen."

Die Dreistigkeit Hitlers ging sogar so weit, dass er die Zeugen Kahr, Lossow und Seißer derart verhörte, als wäre er Staatsanwalt und sie die Angeklagten. Regelmäßig warf er ein, dass er nur das getan habe, was das Triumvirat zuvor wochenlang geplant hatte, bezeichnete das Triumvirat als Mitschuldige im gesamten Verfahren. Nur ein einziges Mal wagte es Neithardt Hitler höflich und in aller Vorsicht zurechtzuweisen:

„Herr Hitler, es geht zu weit, daß Sie hier im Sitzungssaal Ebert, Scheidemann und Genossen des Hochverrats und Landesverrats bezichtigen."

Mit seinen Hetzeskapaden gegen die „Novemberverbrecher" und dem politisch/wirtschaftlichen Zustand innerhalb der Weimarer Republik im Allgemeinen, erntete Hitler in regelmäßigen Abständen wilde, befürwortende „Heil"-Rufe und heftigen Beifall innerhalb der Zuschauerreihen und rührte das Publikum mit seinen schmierig und gestelzt wirkenden Liebesbekenntnissen an das Deutsche Volk zu Tränen. Sichtlich ergriffen wirkte nicht nur der Gerichtsvorsitz, sondern auch der erste Staatsanwalt Stengelein, der im Anschluss an sein Plädoyer eine widerliche, im Nachhinein nicht nachzuvollziehende Lobrede an den Verbrecher verlauten lies, in der er ihn als *„tapferen Soldaten"* darstellte, der in seinem *„ehrlichen Streben"* und der *„Uneigennützigkeit seines Hingabe an die von ihm selbst gewählte Lebensaufgabe"* eine *„echte deutsche Gesinnung"* bewies, in der jedoch gleichzeitig auch seine *„tragische Schuld"* liege. Doch wundert diese Schleimerei, welche wirkt als hätte Stengelein diese in Kenntnis der künftigen Ereignisse ab 1933 vorab verfasst um nicht allzusehr in Ungnade zu fallen, nicht, war doch der Hilfsstaatsanwalt Hans Ehard der einzige innerhalb des gesamten Prozesses, der sich ernsthaft um eine gerechte Verurteilung bemühte, während seine Kollegen in aller Gemächlichkeit der einmonatigen

Gehirnwäsche Hitlers lauschten. So erstreckte sich die Verhandlung über eine, in Anbetracht der apodiktischen Sachlage, unverhältnismäßig lange Zeit. An jedem Tag schien Schwerpunkt des gesamten Prozesses nicht Beweise und Schuldfeststellung zu sein, sondern ein Treffen stattzufinden um Hitlers frevelhafter Propaganda Gehör zu schenken; es wirkte wie ein öffentliches Forum, in dem alle zusammenkamen um sich die Lehren ihres Messias anzuhören. So fand die Verhandlung selbst nach 24 Tagen am 31.03.24 doch ein Ende, an dem Hitler mit seinen letzten Worten noch einmal in kitschigem Pathos seine Haltung verdeutlichte und sich als den Unschuldigen und Gerechten darstelle, dem Unabhängig vom gerichtlichen Schuldspruch die Gunst der Göttin Justizia gewiss war:

> „Und dann, meine hohen Herren, dann wird aus unseren Gräbern und aus unseren Knochen heraus der Gerichtshof entstehen, der über uns zu Gericht sitzen wird. Denn nicht Sie sprechen hier das letzte Urteil, sondern das Urteil spricht jene Göttin des letzten Gerichtes (...). (...) diese ewige Göttin des ewigen Gerichts wird lächelnd den Antrag des Staatsanwalts zerreißen und lächelnd zerreißen das Urteil des Gerichtes; denn die spricht uns frei."

V. Das Urteil

1. Inhalt des Urteils

So lautete das Urteil wie folgt:

> „Hitler, Weber, Kriebel und Pöhner jeder wegen Hochverrat zu jeweils fünf Jahren Festungshaft (...)
> sowie jeder zu einer Geldstrafe von 200 Goldmark (...);
> Brückner, Röhm, Pernet, Wagner und Frick jeder wegen Beihilfe zum Hochverrat zu je
> einem Jahr drei Monaten Festungshaft (...) sowie jeder zu einer Geldstrafe von 100 Goldmark;
> sowie endlich zu allen Kosten.
> Ludendorff wird freigesprochen."

Begründet wurde es seitens Neithards damit, dass Hitler, Kriebel und Weber die „Urheber des Planes" waren, während Pöhner zwar nicht maßgeblich an Organisation im Vorfeld beteiligt, jedoch mit dem „Plan und der ihm zugedachten Rolle einverstanden" war und einwilligte, diese Rolle dem Interesse des nationalsozialistischen Bundes entsprechend wahrzunehmen. Jene Hauptschuldigen zogen die wegen Beihilfe verurteilten Brückner, Röhm, Pernet, Wagner und Frick während bzw. kurz vor Beginn der Erhebung hinzu, und wiesen ihnen Aufgaben zu. So verstand Neithardt in den tatbestandlichen Beiträgen der Mitangeklagten, trotz wesentlicher Suggestion (bzw. Suggestionsmöglichkeit) eine alleinige Beihilfe, da ihnen (äußerst abstrus) seines Erachtens nach die Tatherrschaft fehlte. Bestanden die Beträge Röhms und Brückners „lediglich im Vollzug der Befehle Kriebels", so bewies doch insbesondere Röhm (nach "Verrat" durch das Triumvirat) eine immens hohe Eigenständigkeit und verfügte über eine Fülle von Kämpfern, welche seinem Befehl folgten.

Obskur, widersprüchlich und in gestelzter Sprache setzte Neithardt für eine Mittäterschaft einerseits voraus, dass bereits im Vorfeld Kenntnis über den geplanten Putsch bestand, andererseits sprach er Pöhner eine zu, da er gewillt war in NS Interesse zu handeln und seine ihm zugewiesene Aufgabe entsprechend wahrnahm. Seines Erachtens nach scheiterte eine Mittäterschaft also daran, dass keine Involvierung in Organisation und bis dato keine Ämterzuweisung erfolgte.

Ludendorffs Freisprechung, welche er als persönliche Schande empfand, begründete er mit der These, Ludendorff hätte keine Kenntnis über geplante Unternehmung gehabt und hätte sich den gesamten Tag über passiv verhalten. Einen Tatbestand sah Neithardt also im bloßen Beiwohnen des Marsches an der Spitze nicht erfüllt, er sah darin keinen Versuch das Unternehmen zu unterstützen oder zu retten. Somit sprach er Ludendorff frei, was aber wahrscheinlich viel mehr eine Folge von dessen Verdiensten im 1. Weltkrieg war.

Neithardt nahm bereits in der Urteilsbegründung selbst Stellung zur Frage nach der Ausweisung Hitlers. Er verneinte die Ausweisung mit der Begründung, dass Hitler sich selbst als Deutscher sieht und viereinhalb Jahre im Deutschen Heer gedient hat. So konnte aufgrund dieser Tatsache und seiner "deutschen Mentalität" der § 9 II RepSchG nach seiner Auffassung nicht auf Hitler angewandt werden. Auf dieses ohnehin schon äußerst milde Urteil, dessen Milde mit dem *„rein vaterländischen Geist der Angeklagten"* begründet wurde, folgte sogleich jener Beschluss, welcher verhängnisvolle Konsequenzen nach sich zog:

Beschluss
Den Verurteilten Brückner, Röhm, Pernet, Wagner und Frick wird für den Strafrest mit sofortiger Wirksamkeit Bewährungsfrist je bis 1. April 1928 bewilligt.
Den Verurteilten Hitler, Pöhner, Weber und Kriebel wird nach Verbüßung eines weiteren Strafteils von je sechs Monaten Festungshaft Bewährungsfrist für den Strafrest in Aussicht gestellt."

Die Inaussichtstellung einer Bewährung beruhte auf der politischen Neigung der Laienrichter P. Herrmann und Beck, welche in einem Brief an die Staatsanwaltschaft behaupteten, sie tendierten innerhalb der Urteilsberatung in Richtung Freispruch.[39] Tatsächlich schienen sie Hitlers Meinung, es gäbe gegen die Novemberverbrecher keinen Hochverrat, zu teilen. So

---

[39] Gritschneder; Hitlerprozess, S. 55 ff.

ließen sie sich, in ihrer Sympathie für Hitlers Ideologie, erst auf einen Schuldspruch ein, wenn ihm eine Bewährung in Aussicht gestellt würde. Die Basis für Hitlers späteren „Erfolg" war somit geschaffen. Das Urteil wurde von Juristen kritisiert und vom Volk umjubelt. Hitler galt als Nationalheld, als „tapferer Patriot" der sich für das traditionelle „Deutschsein" einsetzte und Widerstand gegen die marxistischen Verbrecher von 1918 leistete. Nach der Urteilsverkündung wurde er umjubelt und mit Blumen beschenkt, und in ganz München herrschte noch Wochen danach eine euphorischen Stimmung, während in den Justizbehörden unzählige Briefe eingingen, welche seine Freilassung forderten.[40]

2. Rechtsbeugungen und -"fehler"

Der gesamte Prozess ist von Anfang bis Ende mit juristischen Unstimmigkeiten gravierenden Ausmaßes gespickt, welche sich nicht durch bloße Versehen erklären lassen.[41]

a) Verhandlung durch das Volksgericht

Der erste Fehler ist wohl die Überstellung Hitlers an das bayerische Volksgericht. Ausgehend von der Tatsache, dass die bayerische Justiz die Zuständigkeit der Volksgerichte nur „künstlich begründet" hat, hätte Hitler an das Strafgericht in Leipzig überstellt werden müssen. Jedes Gericht hat schon im Vorhinein zu prüfen, ob es für den jeweiligen Fall überhaupt zuständig ist. Die Volksgerichte waren wie bereits erwähnt durch die Weimarer Verfassung illegal geworden, und doch verabschiedete die bayerische Justiz ihr eigene „Verordnung zum Schutze der Verfassung der Republik", welche konstituierte, dass die Volksgerichte für Hochverrat zuständig seien. Dies war für die Unstatthaftigkeit des Volksgerichtes jedoch unerheblich, da einerseits der Artikel 13 der Reichsverfassung „Reichsrecht bricht Landesrecht", und der Artikel 105 II „Ausnahmegerichte sind unstatthaft. Keiner darf seinem gesetzlichen Richter entzogen werden." lautete. Damit hätte die Situation klar sein müssen, und doch weigerte sich der bayerische Justizminister Gürtner Hitler nach Leipzig zu überstellen, da er „politisch außer Stande" sei, „einem derartigen Ersuchen Folge zu geben". Begründet hat er dies mit „Stimmung". Unzweideutig stand fest, dass das Gericht nicht zuständig war, was unmittelbar die Antwort auf die Frage gibt, aus welchem Grund am Anfang des Prozesses die Prüfung der Zuständigkeit des Volksgerichtshofs entfiel. Eine derartige Prüfung hätte nur dazu geführt, dass das Volksgericht seine Unzuständigkeit festgestellt hätte, so hat Neithardt, welcher sich nach Auffassung der Behörden durch seine

---

[40] Alle Informationen aus dem Oberpunkt sind dem Gerichtsprotokoll und der Urteilsbegründung Neithards zu entnehmen. Gritschneder S. 143 ff.
[41] Peter Kritzer, Wilhelm Hoegner. Politische Biographie eines bayerischen Sozialdemokraten. München 1979, 52-58.

Antidemokratische Haltung schon öfters bewährt hatte, unmittelbar die rechtswidrige Politik der bayerischen Justiz fortgeführt. Illegal wurden die Anweisungen aus Leipzig ignoriert, vorsätzlich rechtsbrechend und mit einer lachhaften Begründung Gürtners. Und die bayerische Justiz hatte auch seine Gründe dafür: Wäre Hitler tatsächlich nach Leipzig überstellt worden, hätte er mit immensen Strafen rechen müssen, vielleicht sogar mit dem Tod. Hitler war nicht rechtswirksam verurteilt, und auch die unbegreifbare Untätigkeit der Reichsjustiz konnte nichts daran ändern, war in der Verfassung doch klar konstituiert, dass Volksgerichte unstatthaft waren. Jenes verfassungswidrige Unterlassen von Sanktionen war einer der Gründe dafür, warum Hitler seine politische Karriere um 1925 wieder fortsetzen konnte. Der Reichsregierung waren die Spannungen innerhalb Bayerns bewusst, sowie auch die antidemokratische, nationale Haltung der Behörden, sowie der gesamten Bevölkerung. Hätte also die Reichsregierung die Verfassung unter Anwendung von Gewalt durchzusetzen versucht, ihre Truppen gegen Bayern mobilisiert, hätte es nach Vermutungen Zuständiger zu einem Bürgerkrieg geführt, dem man dem labilen Staat nicht zumuten konnte. Man sah Parallelen zum Kapp-Putsch, welcher damals das Reich an den Rand des Bürgerkriegs brachte. Auf jeden Fall hätte Neithardt seine Zuständigkeit prüfen müssen, hat dies Unterlassen und somit einen Rechtsbruch begangen.[42]

b) Rechtswidrige Mindeststrafe
Ein weiterer schwerer Fehler war die Verhängung der Mindeststrafe gegen die Haupttäter. So sah die damalige Norm vor, dass Hochverrat mit mindestens fünf Jahren bestraft wird. Eine Mindeststrafe ist jedoch keinesfalls dann anzuwenden, wenn gewichtige Straferschwerungsgründe vorliegen. Fraglich ist also, ob jene vorlagen und wenn ja, aus welchem Grund die zuständige Richterschaft diese außer Acht gelassen hat. Gewichtige Straferschwerungsgründe liegen dann vor, wenn die Tat besonders gravierende Folgen nach sich zieht, also einen Schaden verursacht, der entweder irreparabel oder besonders hoch ist. Straferschwerungsgründe liegen auch dann vor, wenn die Planung beziehungsweise die Unternehmung selbst von hoher krimineller Energie gezeichnet ist und die Durchsetzung des eigenen Vorhabens ohne Rücksicht auf Verluste verfolgt wird.[43]

---

[42] Der Hitler-Prozeß vor dem Volksgericht in München. Zweiter Teil. München, 1924, S. 88-91; abgedruckt in Albrecht Tyrell, Hg., Führer Befiehl...Selbstzeugnisse aus der »Kampfzeit« der NSDAP. Dokumentation und Analyse. Düsseldorf: Droste Verlag, 1969, S. 64-67.
[43] BGH 2 StR 637/13 - Beschluss vom 23. Januar 2014 (LG Koblenz);
Frieder Dünkel in Kindhäuser/Neumann/Paeffgen, Strafgesetzbuch I StGB § 57a Rn. 7 - 14 I 4. Auflage 2013; vgl. BGHSt 40, BGHST Jahr 40 Seite 360 [BGHST Jahr 40 Seite 370] = NJW 1995, NJW Jahr 1995 Seite 407 = NStZ 1995, NSTZ Jahr 1995 Seite 122.

aa) Tod und Schaden an Polizisten und Unbeteiligten

In jenem Prozess wurden zuallererst die Tode der Polizisten überhaupt nicht zum Gegenstand gemacht, genauso wenig wie der Tod des Passanten und die Verwundung zahlreicher staatlicher Einheiten sowie Zivilisten. Immerhin ist der Tod jener Leute die Konsequenz von Hitlers Handeln gewesen. Fehlte diese Tatsache bereits in der Anklageschrift, so hätte man meinen können, dass sie zumindest als „gravierende Folge seines Handelns" zum Gegenstand des Prozesses wird, und somit als straferschwerender Grund bei der Urteilsbegründung ins Gewicht fällt. Neithardt jedoch, lies die menschlichen Verluste absolut unerwähnt; er sprach lediglich von einem „unglücklichen Verlauf", der den Tätern aber nicht zulasten gelegt werden kann. Nicht nur tatsächliche, sondern auch eventuelle Folgen gelten jedoch als straferschwerend. So heißt es sogar im Urteil wörtlich:

„Die weitere Fortführung des Unternehmens hätte die Gefahr eines Bürgerkrieges heraufbeschworen (und) schwere Störungen des Wirtschaftslebens des gesamten Volkes ... herbeigeführt."

bb) Unerwähnte Tatbestände/Unterlassen der Zurechnung

Weiter wurde die tatbestandliche Freiheitsberaubung der Kabinettsmitglieder und Einheiten der Landespolizei zwar zum Gegenstand gemacht, allerdings auf absolut lachhafte Art und Weise so verzerrt, dass sie zu Hitlers Gunsten stand. So behauptete Hitler innerhalb der Verhandlung, er habe jene Festnahmen perpetuiert um die Betroffenen von der Furoren innerhalb der Stadt zu schützen, also um weitere Komplikationen zu verhindern. Ferner wurden ihm auch nicht die Überfälle auf die Firma Parcus, sowie der Raub aus dem St. Anna-Kloster angerechnet, bei dem 14605 Billionen Mark Papiergeld entwendet wurden.

„...die Geiselverhaftung schreibt dagegen das Gericht den Angeklagten nicht zu, da sie von diesen Unternehmungen erst zu einer Zeit in Kenntnis gesetzt wurden, wo eine Rückgängigmachung nicht mehr möglich war; insbesondere ist die Angabe Hitlers, er habe die Geiseln zu ihrer eigenen Sicherheit, weil sie sonst von der Volksmenge erschlagen worden wären, im Bürgerbräukeller zurückhalten lassen, wohl zutreffend..." [44]

cc) Bewährungsbrüchigkeit

Ein weiterer gewichtiger Straferschwerungsgrund war die Bewährungsbrüchigkeit Hitlers. Hitler versuchte seinen Bekanntheitsgrad zu steigern und setze dies neben seinen öffentlichen

---

[44] Gritschneder; Bewährungsfrist; S. 81.

Reden durch gezielte Angriffe auf politische Gegner um. So verhinderten er und seine Anhänger unter Anwendung von Gewalt im September 1921 den geregelten Ablauf des Bayernbundgründers Otto Ballerstedt, nach dem in München auch die "Ballerstedtstraße" benannt wurde. Daraufhin wurde Hitler zwar zu drei Monaten Gefängnis verurteilt, musste jedoch nur einen davon absitzen.[45] Tatsächlich war es Georg Neithardt selbst, der ihm die restlichen 2 Monate auf Bewährung erlies, da „künftig keine weiteren rechtlichen Ausfälle zu erwarten" waren. So stand Hitler unter einer, vom 12.01.1922 – 1.3.1926 dauernden Bewährung. Die Bewährung dient dazu dem Verurteilten die Gelegenheit zu geben unter Beweis zu stellen, dass ein Vollzug der Strafe nicht notwendig ist. Ein Bruch beweist nur, dass jener das Rechtssystem missachtet und Interesse daran hat die gesetzliche Ordnung zu stören. So lies Hitler in aller Deutlichkeit erkennen, dass er kein Interesse daran hatte sich dem seines Erachtens nach vom Marxismus verblendeten System zu fügen und weiterhin all das zu unternehmen was in seinen Augen nötig war um die damals herrschende Staatsordnung zu beseitigen. Ohne Reue lies er verlauten, dass sein Kampf mit der Verurteilung noch nicht vorbei war. Dies spricht also für eine Erhöhung des Strafmaßes. Auf die Rechtswidrigkeit einer Inaussichtstellung wird im Folgenden näher eingegangen.

c) Inaussichtstellung einer Bewährungsfrist und Festhalten an dieser

Der Beschluss im Urteil lautete wie folgt: *„Den Verurteilten Hitler, Pöhner, Weber und Kriebel wird nach Verbüßung eines weiteren Strafteils von je sechs Monaten Festungshaft Bewährungsfrist für den Strafrest in Aussicht gestellt."*.[46] Dies ist ein schwerer, nur mit dem Vorsatz der Rechtsbeugung erklärbarer Fehler, welcher es Hitler letzten Endes ermöglichte sein Vorhaben alsbald fortzuführen. Eine Bewährung dürfte nur dann zugebilligt werden, wenn der Verurteilte zum Einen Reue zeigt, zum Anderen der durch ihn verursachte Schaden einen bestimmten Rahmen nicht überschreitet und zum Dritten jener Verurteilter nicht bereits unter einer Bewährung steht. Nun liegt es wohl auf der Hand, dass Hitler keines der hier genannten Kriterien erfüllt. Es gab zu erkennen, dass er zu seiner Tat und deren Folgen mit allem Stolz stand und der Schaden in Form von Toten auch mehr als erheblich. Nun stellt sich die Frage aus welchem Grund Hitler nun eine Bewährungsfrist zugebilligt wurde. Ein Versehen ist wohl ausgeschlossen, war doch Neithardt selbst jener Richter, welcher Hitler damals die übrigen zwei Monate Gefängnis aufgrund einer "positiven Sozialprognose" erlassen hatte. So kam es, dass Hitler im Hochverratsprozess aufgrund der oben erwähnten

---

[45] F. Kitzinger, Um das Legalitätsprinzip, in: Archiv für Strafrecht und Strafprozeß 72 (1928), 281-289.
[46] Alexander Schilling, Der Untersuchungsausschuß des Bayerischen Landtags zum Hitler-Ludendorff Putsch 1924-1928, M.A. (Univ. Mannheim) 1999.

„hartnäckigen Haltung" der Laienrichter jene Bewährung zugesprochen wurde. Während dies unstreitig widergesetzlich und recht schnell und unumständlich durch die rechte Einstellung der Verantwortlichen erklärbar ist, fragt sich doch aus welchem Grund jene Zubilligung einer Bewährung nicht widerrufen wurde. So legte die Staatsanwaltschaft kurz danach gegen jenen Beschluss Beschwerde ein und begründete dies damit, dass die „Führung der Verurteilten während der Festungshaft keineswegs einwandfrei war" und sie sich durch „Schmuggelbriefe" einer Neuorganisation verdächtig machten. So wies die Staatsanwaltschaft auch in scharfem Ton darauf hin, dass ein *„große Gefahren für die öffentliche Ruhe, Ordnung und Sicherheit durch die Freilassung der in ihrer Führerstellung zurückkehrenden Verurteilten"*[47] bestand. Und trotzdem schenkte die oberste bayerische Richterschaft jener Stellungnahme keine Beachtung. Vielmehr entbrannte die Diskussion darüber, ob die Entlassung auf Bewährung von der guten Führung der Verurteilten abhing, oder ob das Gericht eine Bewährung nach sechs Monaten verbüßter Haftstrafe in Erwägung ziehen wollte. Entschieden hat sich der 2. Senat des Bayerischen Obersten Landesgerichts für Ersteres und perpetuierte mit jenem Bewährungsbeschluß das Neithardtsche Fehlurteil.

„Die Verurteilten selbst haben den Beschluß nach seinem Wortlaut und nach seiner Begründung im Urteil jedenfalls als Bewilligung einer Bewährungsfrist im Falle guter Führung während der Vollstreckung der ersten 6 Monate der Festungshaft auffassen können."

d) Keine Ausweisung Hitlers
Der wohl folgenschwerste Rechtsbruch war die Nicht-Ausweisung Hitlers. Die nach § 9 II RepSchG zwingende Konsequenz für Ausländer war die Ausweisung aus dem Reichsgebiet. Sie fürchtete Hitler am meisten. Wäre diese Norm, welche in ihrer Anwendung keine Variabilität nach richterlichem Ermessen erlaubt, angewandt worden, wäre sein gesamtes Unternehmen mit an Sicherheit grenzender Wahrscheinlichkeit noch im Moment der Urteilsverkündung endgültig gescheitert und Europa hätte die Krisenjahre von 1933-1945 nicht ertragen müssen. Neithardt begründete seine Entscheidung damit, dass sich Hitler als Deutscher verstand und für das Deutsche Reich im Krieg Erhebliches geleistet hatte. So konnte die Nicht-Ausweisung Hitlers die seines Erachtens nach einzig richtige Entscheidung sein.

Diese Entscheidung ist fernab jeder Juristerei und wird einhellig als bloße, rechtsbrecherische, vorsätzliche Willkür verstanden.[48] Es blieb allerdings noch eine weitere Möglichkeit um

---
[47] Gritschneder; Hitlerprozess; S. 61.
[48] Gritschneder, Hitlerprozess, S. 58.

Hitler aus dem Reichsgebiet auszuweisen: Auf Verwaltungswege. Das bedeutet, dass eine fremdenpolizeiliche Überführung in das österreichische Staatsgebiet durchaus möglich war, und so erkundigte sich Ministerpräsident von Knilling bei der österreichischen Polizei nach jener Gelegenheit.[49] Als jedoch die Freilassung auf Bewährung unmittelbar bevorstand, weigerte sich der österreichische Bundeskanzler Ignaz Seipel entschieden und verneinte eine Überstellung aus Angst vor Unruhen.[50] Er verfolgte die Geschehnisse in Bayern und wollte derartige Agitationen nicht im eigenen Land sehen. Er verweigerte die Überstellung mit der Behauptung Hitler sei durch den Eintritt in das Deutsche Heer ebenfalls Deutscher geworden, obwohl bereits vor Hitler Österreicher im Heer kämpften und keine derartige Behandlung erfuhren, also beging auch Österreich einen vehementen Rechtsbruch.[51] Die Ausweisung Hitlers scheiterte zu einem erheblichen Teil an Österreich selbst. Um auch die Restgefahr einer Ausweisung zu bannen, stellte Hitler einen Antrag auf Entlassung aus dem österreichischen Staatsverband, was seine Ausweisung nur verkomplizierte. Um einen Staatenlosen auszuweisen, müsste zuerst ein Aufnahmeland gegeben sein. Diskussionen innerhalb Österreichs entbrannten, und während einer Seite der Auffassung war, dass Hitler innerhalb Österreichs keine Gefahr darstelle, war die andere der Meinung, dass man ihn dadurch zum Märtyrer erheben würde.[52]

Jene Seite empfahl als Alternative seine Bewährung aufzuheben. Der bayerische Staat hatte einfach zu langsam gehandelt. Wären die entscheidenden Normen mit entsprechender Sorgsamkeit und Schnelligkeit befolgt worden, wären derartige Probleme nicht aufgetreten. Somit endeten die Diskussionen bezüglich Hitlers Ausweisung.

„Hitler ist Deutschösterreicher. Er betrachtet sich als Deutscher. Auf einen Mann, der so deutsch denkt und fühlt wie Hitler, der freiwillig 4 ½ Jahre lang im deutschen Heere Kriegsdienste geleistet, der sich durch hervorragende Tapferkeit (…) kann nach Auffassung des Gerichts die Vorschrift ihrem und ihrer Zweckbestimmung nach keine Anwendung finden."

---

[49]Eberhard Jäckel/Axel Kuhn (Hg.), Hitler. Sämtliche Aufzeichnungen 1905-1924, Stuttgart 1980.
[50]22. Dezember 1924: Außenpolitische Dokumente der Republik Österreich 1918-1938, Band 5, München 2002, 296
[51]Gritschneder, Bewährungsfrist, S. 56.
[52]Donald C. Watt, Die bayerischen Bemühungen um eine Ausweisung Hitlers 1924, in: Vierteljahreshefte für Zeitgeschichte 6 (1958), 270-280.

V. Ergebnis des Prozesses

Es sei abschließend noch einmal zusammengefasst, welche Mängel sich vom Prozessbeginn bis mit zur Urteilsverkündung erstreckten: Der Volksgerichtshof war überhaupt nicht zuständig für diesen Prozess, die bayerische Justiz hatte sich aus Angst vor den Konsequenzen, die für Hitler daraus entstehen könnten geweigert diesen zu überstellen. Das Unterlassen einer Zuständigkeitsprüfungen stellt eine Perpetuierung jenes Verfassungsbruches dar, welcher in aller Absicht und mit einer Begründung fernab jeder Logik oder Gesetzmäßigkeit erfolgte. Eine Verurteilung durch den Senat in Leipzig hätte mit Sicherheit Hitlers Ende bedeutet. Ferner erfuhr Hitler eine nicht nachzuvollziehende großzügige Behandlung innerhalb des Prozesses. Es war ihm gestattet den Prozess zu Gunsten seines Mitteilungsbedürfnisses in unfassbare Länge zu ziehen und sich auch innerhalb dieses fernab jeder Norm zu verhalten. Das Urteil ist, abgesehen von der fehlenden Rechtskräftigkeit aufgrund der Unstatthaftigkeit des Volksgerichts, sowohl in seinem Strafmaß als auch in seinem Inhalt in Bezug auf eine Bewährung rechtswidrig und unangemessen. Das Unterlassen der Ausweisung und die dünne Begründung stellt einen weiteren Rechtsbruch dar. So lässt sich abschließend sagen, dass der gesamte Prozess von Anfang bis Urteil ein absoluter Justizskandal ist, der es Hitler letzten Endes überhaupt ermöglichte seine Schreckensherrschaft ab 1933 zu beginnen.

C. Folgen und Fazit

Die Folgen der Unfähigkeit Neithardts sind allgemein bekannt und bis heute noch spürbar. Hitler nutzte die milde Strafe und verfasste während seiner kurzen Haftdauer das Buch „Mein Kampf", während sich die restlichen NSDAP-Mitglieder mit dem Wiederaufbau und der Neuorganisation ihrer Partei beschäftigten. Wären Verfassung und Gesetz in zumindest einer Hinsicht beachtet worden, hätte Hitler also tatsächlich fünf Jahre absitzen müssen oder wäre er ausgewiesen worden, so wäre es nie zur Machtübernahme 1933 gekommen. Der Nationalsozialismus hätte seinen Hauptagitator verloren und wäre zerfallen.

Zwar lässt sich nicht mit Sicherheit sagen, dass sich jene rechte Bewegung in ihrem Bestand völlig aufgelöst hätte, nur ist sicher, dass es nicht zu jenem dunklen Kapitel gekommen wäre, das sich von 1933-45 erstreckt hat. Die Weimarer Republik hätte sich vielleicht bis zu seiner Entlassung stabilisiert und er hätte während der Wirtschaftskrise 29 dem Schrei des Volkes nach einem Anführer nicht nachkommen können.

Dieser politische Prozess, der von Neithardt selbst als solcher bezeichnet wird („*Ich habe bisher eine ziemliche Reihe großer und wichtiger politischer Prozesse geführt*"[53]) ist in

---

[53] Gritschneder; Hitlerprozess; S. 69.

seinem Bestand ein ganz besonderer. Während die meisten politischen Prozesse sich mit Märtyrern und selbstlosen Menschen beschäftigen, die sich für die Rechte anderer mit aller Selbstlosigkeit einsetzen (Sokrates, Jean D'Arc, etc.) geht es in diesem um einen Mann, der aus seiner menschenverachtenden Haltung und bösartigen Gesinnung keinen Hehl machte und trotzdem (oder gerade deswegen) mit aller Milde behandelt werden. Hier setzte sich jene Person für nichts ein, kämpfte nicht für heroische Ideale wie Gleichberechtigung, Frieden und Einigkeit, sondern propagierte durchgehend die Zerschlagung anderer Bevölkerungsgruppen, Rassismus und ethnische Säuberung. Es ist mir ein Rätsel, wie sich Akademiker und Intellektuelle trotz der Unzweideutigkeit der Gesamtsituation den Verlangen eines Größenwahnsinnigen beugen konnten. Zwar ist es kein Geheimnis, dass innerhalb Bayerns die rechten Strömung recht ausgeprägt waren, wie kann es jedoch sein, dass man keine Konsequenzen bedenkt und massive Vergehen derart unbeachtet lässt? Man könnte allerdings behaupten, dass es sich vorliegend gar nicht um Unachtsamkeit, Unfähigkeit o.Ä. handelte. Es könnte sein, dass jeder Rechtsbruch mit einem klaren Ziel bedacht war. Jenen Agitator, der innerhalb kurzer Zeit eine massive Anhängerschaft sammelte, so schnell wie möglich auf freien Fuß zu setzen um ihm die Fortsetzung seines Werkes zu ermöglichen. Es mag verstiegen klingen, doch gibt es viele Versuche die völlige Abwesenheit von Objektivität zu erklären. Sicher ist, dass der Hitler-Prozess in seinen Hintergründen, in seinem Ablauf und dem Urteil ein politischer Prozess ist. Er war von Anfang an von Befangenheit gezeichnet, ermöglichte ihm breitesten Raum zur Selbstdarstellung und ein mildes Urteil war ihm garantiert. Wieso sonst hätte die bayerische Justiz einen Rechtskonservativen Richter zugezogen und warum sonst hätte man ihm die freie Wahl der Laienbeisitzer gestattet, welche selbstredend auch rechtsextrem eingestellt waren? Aus welchem Grund wurde es ihm gestattet seine Ideologie einen Monat lang öffentlich und in aller Ausführlichkeit zu propagieren. Es ist schwer nachzuvollziehen was sich die Justiz und die Richterschaft bei diesem Prozess dachten und warum das Reich nicht rechtzeitig Einhalt gebot. Eines steht jedoch fest: Durch ihr Handeln und ihr Verhalten haben sich sowohl die Richterschaft als auch die Justiz zu Verbrechern und Schuldigen gemacht, was zur Katastrophe führte bei der 50 Millionen Menschen starben.

„Ein Richter der nicht strafen kann, gesellt sich endlich zum Verbrecher."
- *Goethe, Faust II. 1. Akt, Vers 4805*

BEI GRIN MACHT SICH IHR WISSEN BEZAHLT

- Wir veröffentlichen Ihre Hausarbeit, Bachelor- und Masterarbeit

- Ihr eigenes eBook und Buch - weltweit in allen wichtigen Shops

- Verdienen Sie an jedem Verkauf

Jetzt bei www.GRIN.com hochladen und kostenlos publizieren